DE
LA RÉFORME
ÉLECTORALE.

A PÉZENAS,

CHEZ GABRIEL BONNET, IMPRIMEUR - LIBRAIRE - ÉDITEUR.

1840.

PÉZENAS DE L'IMPRIMERIE DE G. BONNET.

Pézenas, 31 mars 1840.

L'auteur des pages suivantes a demandé la Réforme, dans une autre brochure publiée au commencement de 1834. Peu de personnes, alors, traitaient cette question. Aujourd'hui, tout le monde s'en occupe et la Tribune en retentit. Elle paraît même destinée à recevoir une solution prochaine; et, sous ce rapport comme sous beaucoup d'autres, elle mérite de fixer l'attention des esprits sérieux, auxquels ce petit écrit est respectueusement dédié.

A. CARRION-NISAS.

DE LA RÉFORME

ÉLECTORALE.

DEPUIS 1831, aucune amélioration importante n'a été introduite dans nos lois. A l'instar de notre politique extérieure, notre organisation militaire, administrative, communale

judiciaire, universitaire, notre code industriel
et financier, nos tarifs de douanes sont restés
à peu près stationnaires; et il a toujours suffi
qu'un changement de quelque valeur fût ré-
clamé avec quelque insistance, pour qu'il fût
dédaigneusement repoussé par les Chambres,
ou, du moins, indéfiniment ajourné. La grande
majorité de nos Députés, occupée d'intrigues
ministérielles, fractionnée à l'infini par l'esprit
de coterie, ne s'est pas même élevée jusqu'à
l'esprit de parti; l'intérêt national n'a pu se
faire comprendre, sa voix n'a pu être enten-
due à travers ces interminables querelles d'am-
bition, ces misérables guerres de portefeuilles,
qui ont exclusivement absorbé l'attention et
l'activité de quatre législatures.

Un spectacle si affligeant a donné beaucoup
à réfléchir. On en a conclu, d'abord, que la
plupart de nos législateurs ne se regardent
pas comme les représentans des intérêts géné-
raux, mais simplement comme les tuteurs d'intérêts spéciaux; on a pensé que s'ils ne sup-
priment pas les abus, c'est qu'ils ont des mo-
tifs personnels pour les maintenir; et l'accu-
sation se reportant, ensuite, très-logiquement,
des mandataires sur les commettans, on est
arrivé à reconnaître que la source du mal est
dans la loi d'Élections et qu'une réforme élec-

torale peut seule rendre possibles toutes les autres réformes.

Plus on songe à cette opinion, devenue presque universelle, plus on sent combien elle est fondée. Prenons, pour en choisir une preuve entre cent, nos lois financières : les impôts, qu'on avait tant promis de diminuer, n'ont cessé de s'accroître de budget en budget, et dans une proportion énorme.

Sans doute, il ne faut pas, en matière d'impôts, se préoccuper uniquement du chiffre; sans doute, leur nature, leur répartition et leur emploi ne sont pas moins essentiels à considérer que leur quotité, et peuvent souvent la motiver; mais en fesant largement la part de toutes les dépenses indispensables et en y ajoutant celle de toutes les dépenses productives, il y aurait encore moyen de réduire de beaucoup le budget des recettes.

Eh! bien, sans la Réforme Electorale, on n'arrivera pas plus à la réduction qu'à un meilleur mode, à une répartition meilleure, à un emploi plus utile des contributions de toute espèce.

Indépendamment d'une multitude de petites faveurs qui sont toujours dans les mains du Pouvoir et qu'il ne manque jamais de répandre quand il veut gouverner par la corruption,

nos cent quatre-vingt-dix-huit mille Electeurs peuvent, par l'intermédiaire de leurs Députés, disposer de cent trente-huit mille emplois publics, qui sont à leur convenance ou à celle de leurs protégés, et dont le salaire total se monte à deux cents millions de francs. Or, comme il arrive à notre aristocratie censitaire ce qui arrive à toute aristocratie, comme elle compte dans ses rangs une nombreuse minorité animée de sentimens généreux, prête à combattre pour le droit commun contre ses propres priviléges, il en résulte que les deux cents millions sont répartis, ou peuvent l'être d'un moment à l'autre, entre cent mille solliciteurs environ, nombre suffisant pour faire triompher, dans la plupart des Colléges, les candidats du pouvoir. Ce dividende donne à chaque partie intéressée un quotient de deux mille francs; et attendu que la moyenne des impôts de chacune ne va pas à quatre cents francs, qu'importe à de tels contribuables (au point de vue de leur intérêt personnel) que les contributions soient diminuées ? ils reçoivent d'une main cinq fois plus qu'ils ne donnent de l'autre.

Si le nombre total des Electeurs était seulement doublé, ceux d'entr'eux qui sont avides de places salariées et dont les désirs peuvent être satisfaits par le budget actuel, seraient en minorité dans les Colléges, dans la plupart du moins, et leur influence serait presque nulle sur le résultat final des Elections.

Et si, au lieu d'être doublé, le nombre des Electeurs était quadruplé, non seulement la corruption par les places, mais aussi tout autre genre de corruption serait impuissant à déterminer le résultat des Elections, et, jugé inutile par les corrupteurs, ne serait pas même mis en pratique.

Supposez, par exemple (et c'est supposer l'impossible) que la majorité des Electeurs fût assez vile pour être capable de trafiquer de ses votes en argent comptant, il n'y aurait ni trésor public, ni liste civile assez riche pour solder tous ces votes vénaux, quel que fût le minimum du tarif des consciences. On peut en dire autant des fortunes privées, car il n'en est pas chez nous comme en Angleterre où, par l'effet du peu de morcellement des biens-fonds, certains candidats peuvent se faire élire à prix d'or.

Mais, tandis que tout le monde en France convient des maux politiques inhérens au code Electoral actuel et de l'efficacité du remède proposé par les Réformistes, beaucoup de citoyens craignent que la guérison ne soit, comme on dit, pire que la maladie. Bien des honnêtes-gens, abusés par les déclamations spécieuses et par les terreurs simulées des anti-réformistes, ont peur qu'en parant aux inconvéniens de l'oligarchie, on ne puisse pas éviter l'anarchie.

L'*Anarchie!* voilà le grand mot ! voilà le grand épouvantail avec lequel, depuis dix ans, on gouverne notre ignorance.

Examinons donc un peu quel est l'état social du pays et s'il ne serait pas possible d'améliorer son état politique sans produire d'incalculables bouleversemens. Voyons s'il n'y aurait pas de milieu réalisable entre l'aristocratie censitaire et la démagogie, si la démocratie n'est qu'un rêve et si, par suite, la corruption Electorale et parlementaire est un mal nécessaire.

Pense-t-on que la masse des citoyens qui ne payent pas deux cents francs d'impôts, soit assez ennemie du bons sens et d'elle-même pour désirer l'anarchie ? Admettra-t-on que les plus petits contribuables soient en proie à ce délire? Assurément, cette supposition serait bien erronée; mais ne la contestons pas, si l'on veut. On ne prétendra pas, du moins, que les contribuables de l'ordre moyen, que ceux qui donnent, par exemple, 100 francs, ou seulement 50 au fisc, soient plus ennemis de l'ordre, moins désireux du maintien de la tranquillité, moins intéressés au respect envers la loi et les propriétés, que ceux qui payent une cote double ou quadruple. Eh! bien, si le cens était abaissé à cent francs, le nombre des Electeurs serait doublé; il serait plus que quadruplé par l'abaissement à cinquante francs, et nous recueillerions, bientôt, les fruits de cette réforme, sans que, pour cela, l'anarchie fût plus flagrante ou plus imminente que maintenant.

Voit-on que les Electeurs municipaux nomment conseillers des anarchistes? Voit-on que les gardes nationaux élisent des anarchistes pour officiers? Par conséquent, ni les uns ni les autres, en supposant, bien gratuitement, l'existence de candidats anarchistes, ne choisiraient leurs Députés parmi de tels hommes.

Quand on croit nous avoir effrayés des tendances politiques et des entreprises prétendues probables des petits propriétaires, on pense, à plus forte raison, nous faire aisément peur des prolétaires, quoiqu'ils n'aient jamais été, relativement au total de la population, moins nombreux qu'aujourd'hui, et quoique, à aucune époque, ils n'aient très-sérieusement troublé l'ordre social.

Fesons abstraction de tout le passé du prolétariat et de sa situation présente; nions l'histoire et la statistique, et, ici encore, admettons que les craintes qu'on veut nous inspirer soient parfaitement raisonnables : elles seront un argument de plus en faveur de la Réforme.

En effet, les intérêts des prolétaires sont bien plus liés à ceux des petits propriétaires qu'à ceux des riches; ce qu'on appelle *la petite bourgeoisie,* c'est-à-dire l'immense majorité de la nation, est la tutrice naturelle des prolétaires; étant plus journellement et plus immédiatement en contact avec eux que ne le sont les riches, plus à portée de connaître leurs besoins, plus habituée à compâtir à leurs misères, elle serait plus empressée d'y remédier, si elle avait voix dans le Parlement ; et, par là, elle préserverait la société des inquiétudes que peut lui causer le mécontentement de la classe la plus pauvre.

Qu'on cesse, il en est temps, d'évoquer le vieux fantôme de l'anarchie, chaque fois qu'est poussé le cri de Réforme. Qu'on sorte enfin de cette ornière où se traîne encore et nous traîne la polémique doctrinaire; que la France se connaisse enfin elle-même et qu'elle se dise que, de tous les États anciens et modernes, elle est, jusqu'à présent, celui où l'ordre public s'est vu assis *sur les bases les plus larges.* Les preuves de cette assertion ne sont ni longues, ni difficiles.

Les citoyens directement imposés et leurs familles composent aujourd'hui les dix onzièmes de la Nation. Ils sont personnellement intéressés au maintien de l'ordre et des lois, puisque les rôles de contributions représentent la presque totalité des fortunes privées, tant mobilières qu'immobilières; et, en outre, presque tous les hommes éclairés et capables se trouvent dans les rangs des propriétaires fonciers et des patentés.

Les trois plus grandes puissances humaines : la puissance du nombre, celle des richesses, celle des lumières, sont donc le partage des huit millions de contribuables et de leurs familles.

Lorsque notre constitution politique se sera modelée sur notre constitution sociale, lorsque le gouvernement s'appuiera, à-la-fois, sur la capacité, sur la propriété et sur la force numérique, de nouvelles guerres civiles, de nouvelles révolutions cesseront à jamais d'être possibles.

Nous devons donc demander que les droits civiques ne soient plus le lot exclusif d'une portion minime de la classe censitaire.

Nous devons accueillir, nous devons propager dans les esprits et tâcher de faire entrer dans la loi, le principe de l'abaissement graduel du cens Electoral.

Il faut doubler, ou même quadrupler le nombre des Electeurs, dans l'intérêt de la moralité politique de la nation et pour faire cesser beaucoup d'abus graves et oppressifs; mais, si nous voulons rendre inébranlables nos nouvelles institutions, il faut, aussi, que l'abaissement du cens soit réglé de façon qu'au bout d'un laps de temps déterminé à l'avance et qui ne dépasse pas vingt années, tous les citoyens directement imposés soient Electeurs. Par là, le nombre des membres des Colléges pris parmi les propriétaires fonciers et les patentés, s'accroîtra à mesure que les perfectionnemens de l'industrie agricole, les développemens de l'industrie manufacturière et commerciale et la diffusion de l'instruction augmenteront le nombre des citoyens incontestablement animés d'un esprit conservateur, aussi capables que désireux de consolider le régime légal et la paix intérieure : conformément à l'équité, le niveau politique sera abaissé à mesure que s'élèvera le niveau social. (*)

(*) Il y a, en France, cinq millions environ d'enfans de cinq à douze ans. Sur ce nombre, et indépendamment de ceux qui reçoivent l'instruction élémentaire chez leurs parens ou dans les écoles secondaires, plus de trois millions fréquentent les écoles primaires. Il est évident, d'après cela, que, dans une vingtaine d'années, la totalité ou la presque totalité des Français saura lire et écrire. Elle saura même quelque chose de plus; car l'éducation primaire prend déjà des développemens dans la plupart des localités, et les vieux instituteurs de village seront, peu à peu, remplacés par des jeunes-gens sortis des écoles normales et beaucoup plus instruits qu'eux.

Il faut, en même temps, proclamer que la propriété mobilière et la propriété immobilière n'ont pas seules le droit d'être représentées dans les Colléges, qu'un citoyen tant soit peu éclairé ne saurait vouloir l'anarchie; et, d'après ce principe, il faut adjoindre aux listes Electorales certaines catégories de capacités, en commençant par les bacheliers de toutes les Facultés âgés de vingt-cinq ans.

Enfin, il faut reconnaître qu'un corps Electoral n'est pas réellement investi de la confiance publique, quand il est trop restreint dans ses choix; qu'il doit avoir la possibilité d'honorer de ses suffrages tous ceux qui en sont le plus dignes, sans distinction de profession ni de fortune; et, en conséquence, il faut déclarer éligible tout Français âgé de trente ans.

Serait-ce trop présumer que d'espérer une réforme si légitime? des vœux si modérés ont-ils chance de succès?

Oui, sans doute; il est probable que, sous une forme quelconque, ils seront réalisés, et que même ils le seront pacifiquement. Il est probable que l'Opinion, agissant sur les Colléges avec une intensité croissante, changera tôt ou tard, en majorité la minorité généreuse qui existe déjà dans leur sein, et imprimera ses tendances à la Chambre des Députés, qui formulera un nouveau code Electoral.

Cette influence du public sur les corps politiques est très-souvent réelle et efficace. Voyez, par exemple, ce qui s'est passé en Angleterre pour l'emancipation des catholiques et pour la réforme Parlementaire. Voyez ce qui se passa chez nous, aux Elections générales de 1831, quand les quatre cinquièmes des élus reçurent le mandat impératif de voter contre l'hérédité de la Pairie.

Les partisans des priviléges actuels ne réussiront pas à perpétuer un système trop inique pour être durable. Depuis quatorze siècles, la nation a usé bien d'autres oligarchies, et, Dieu aidant, celle-ci sera la dernière.